I0788353

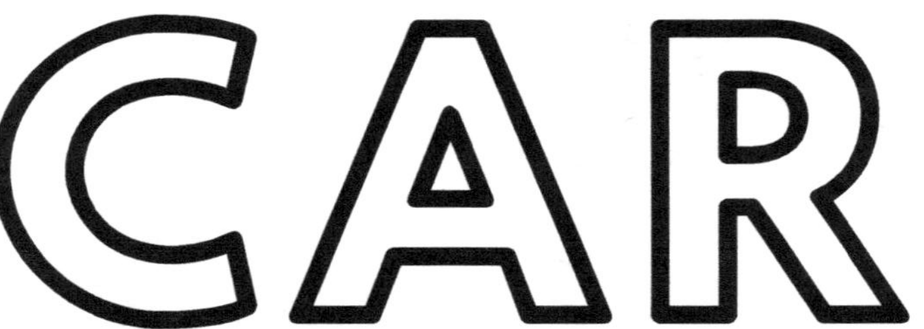
CAR

3

CAR

CAR

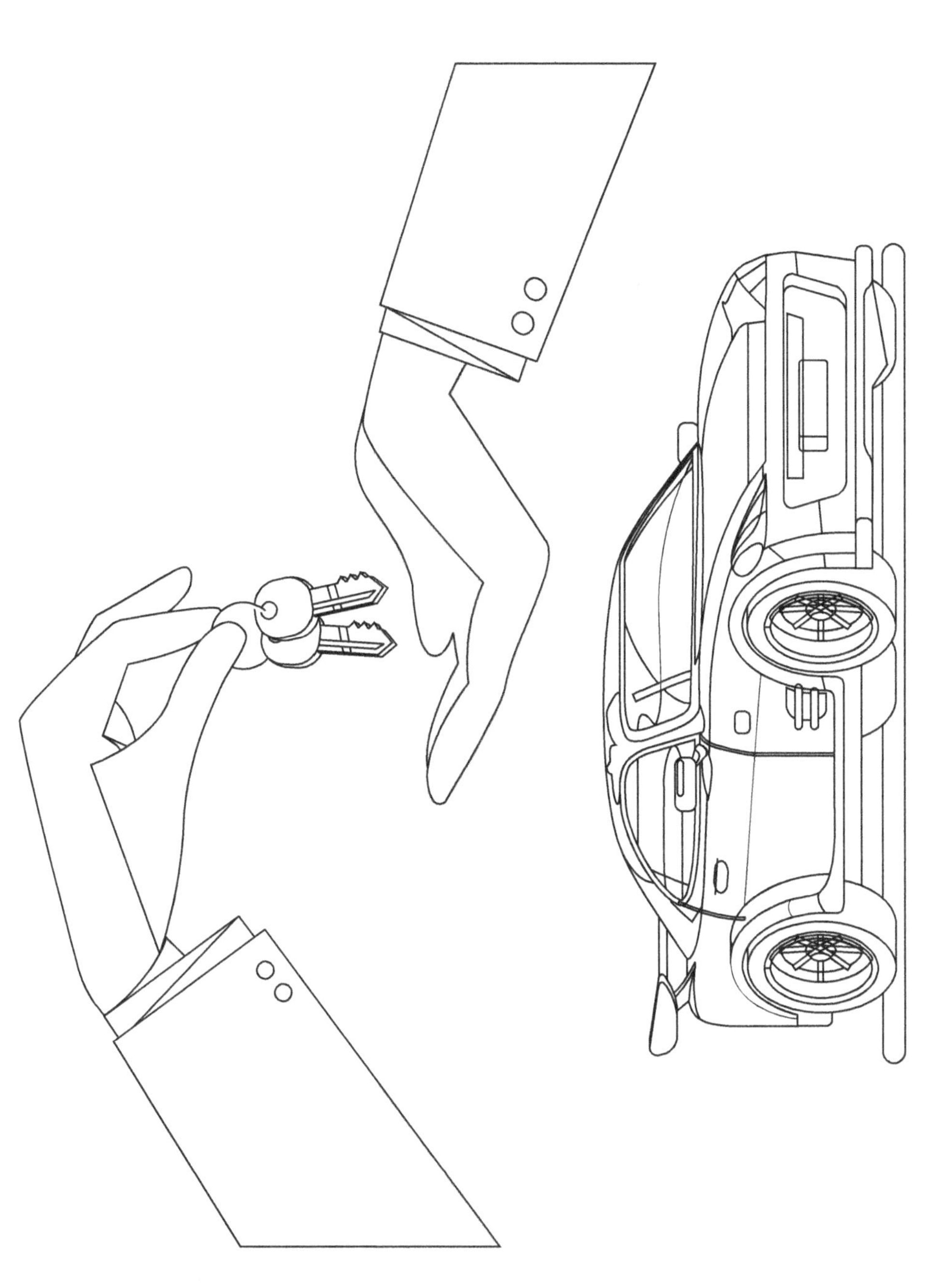

CAR

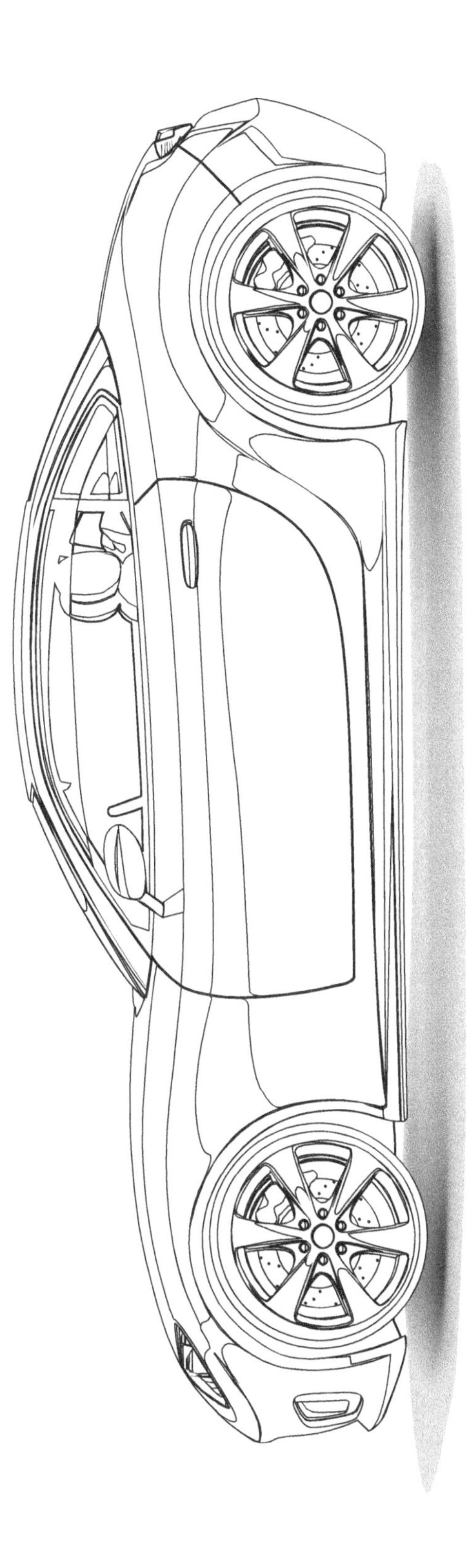

9

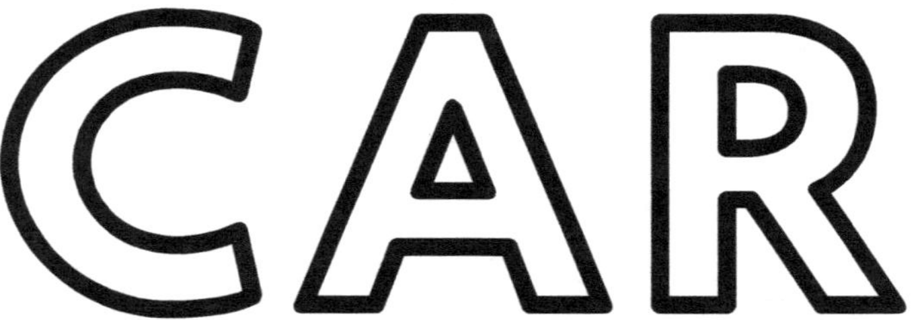
CAR

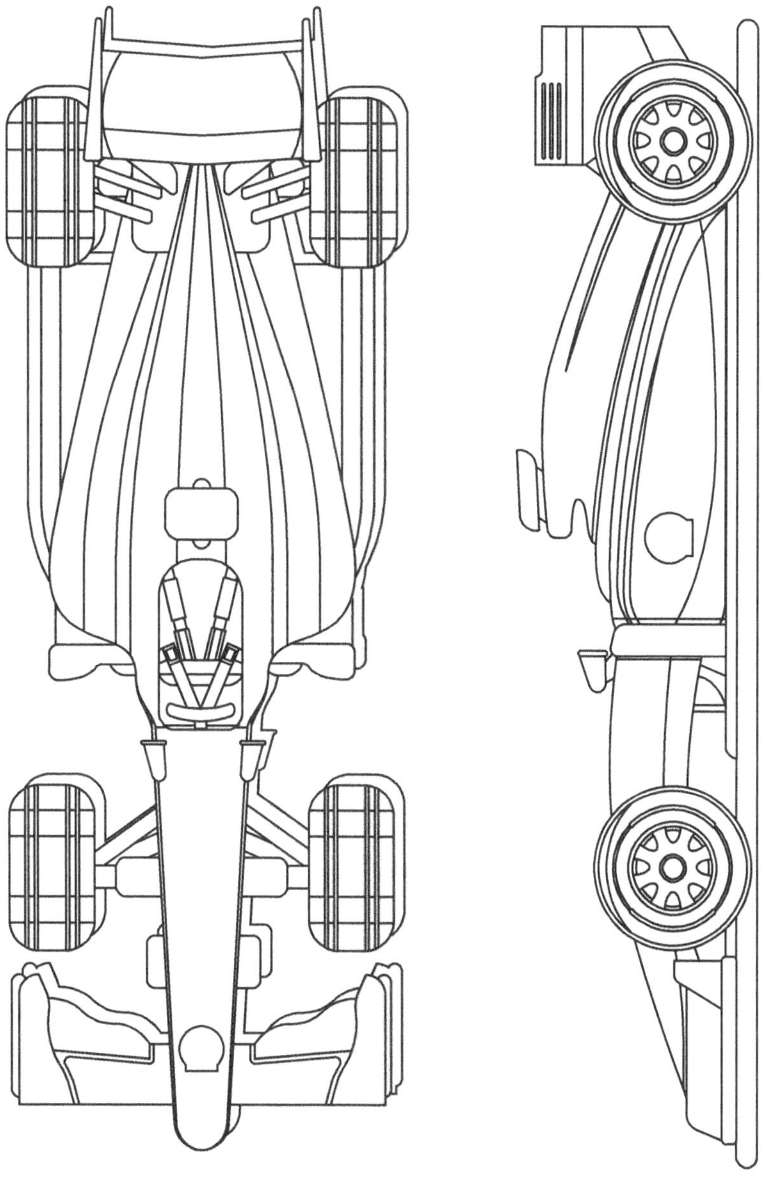

CAR

13

CAR

15

CAR

17

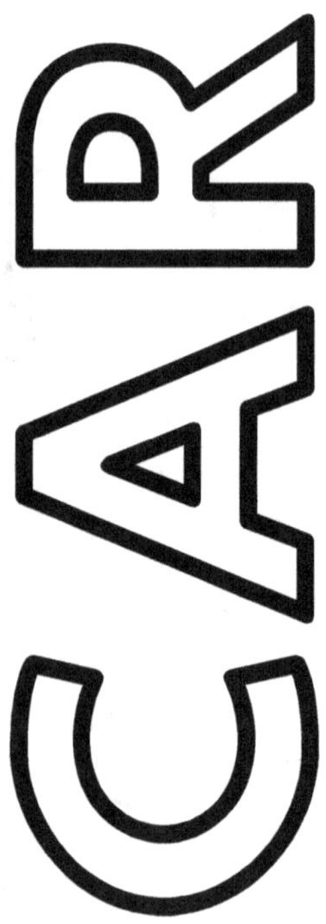

18

19

CAR

CAR

23

CAR

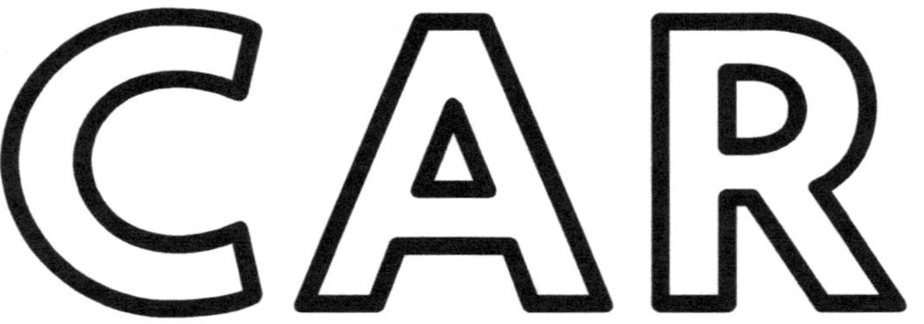

CAR

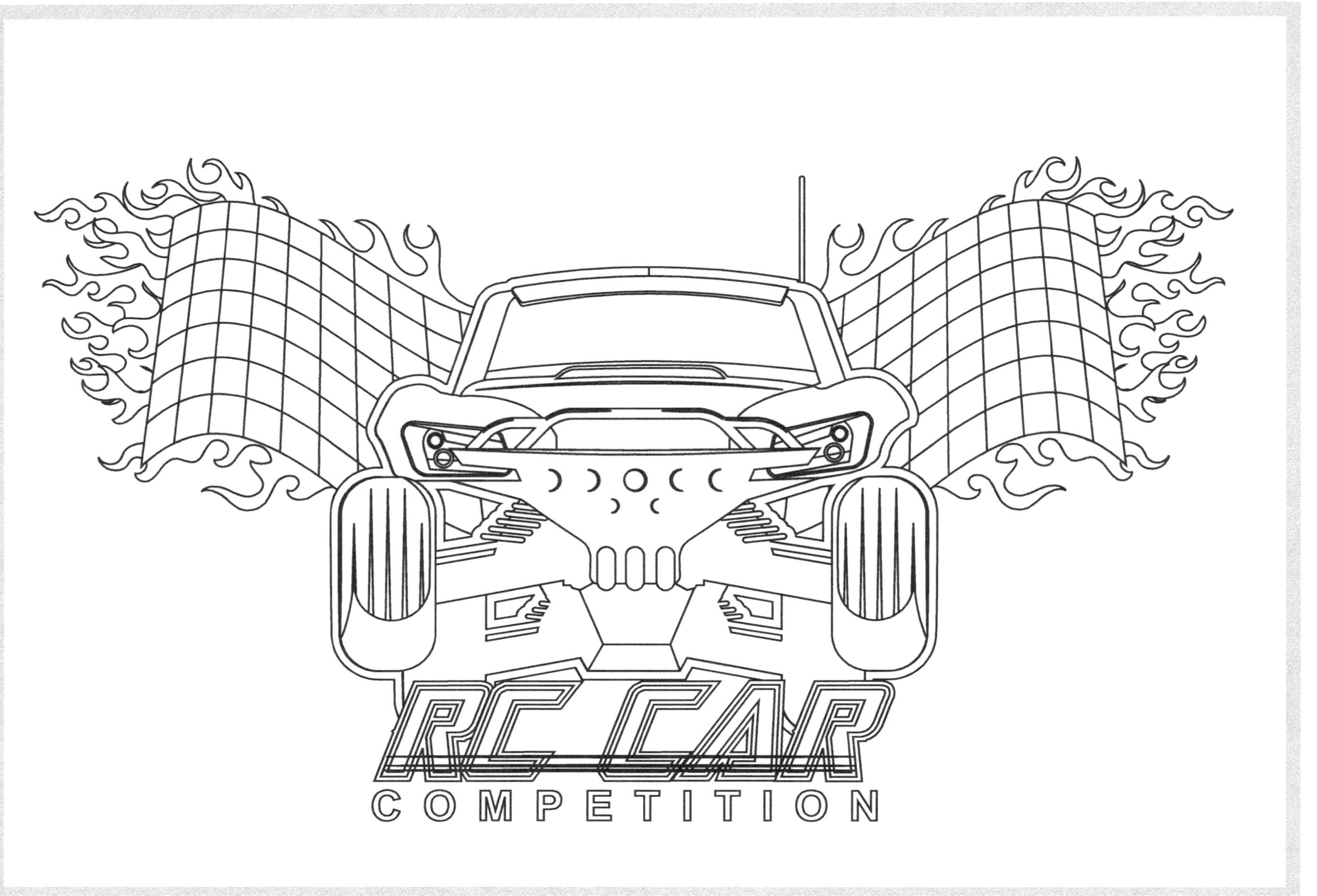

27

28

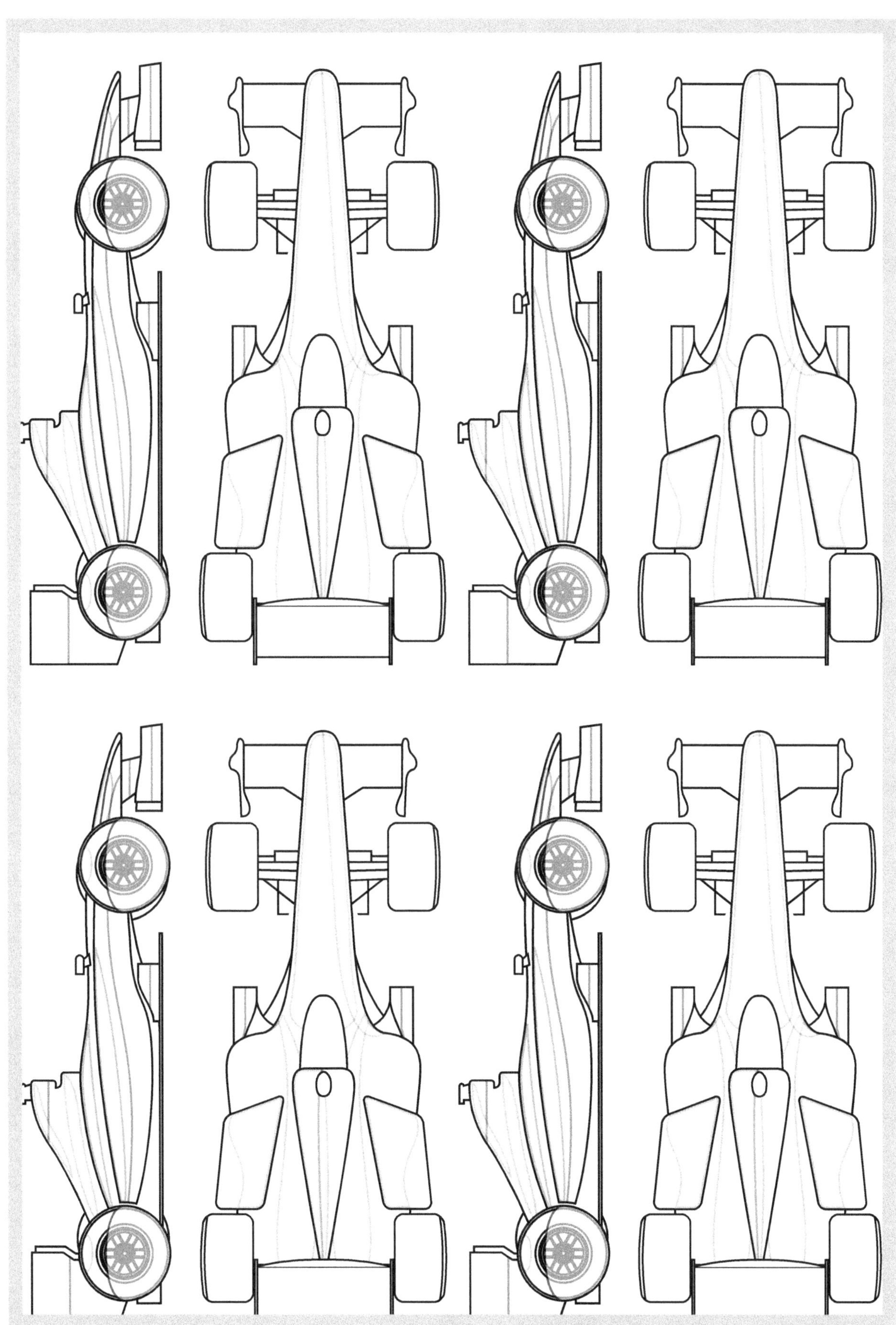

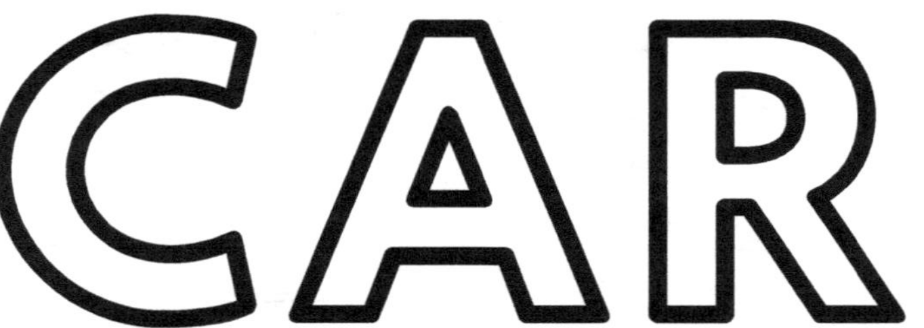
CAR

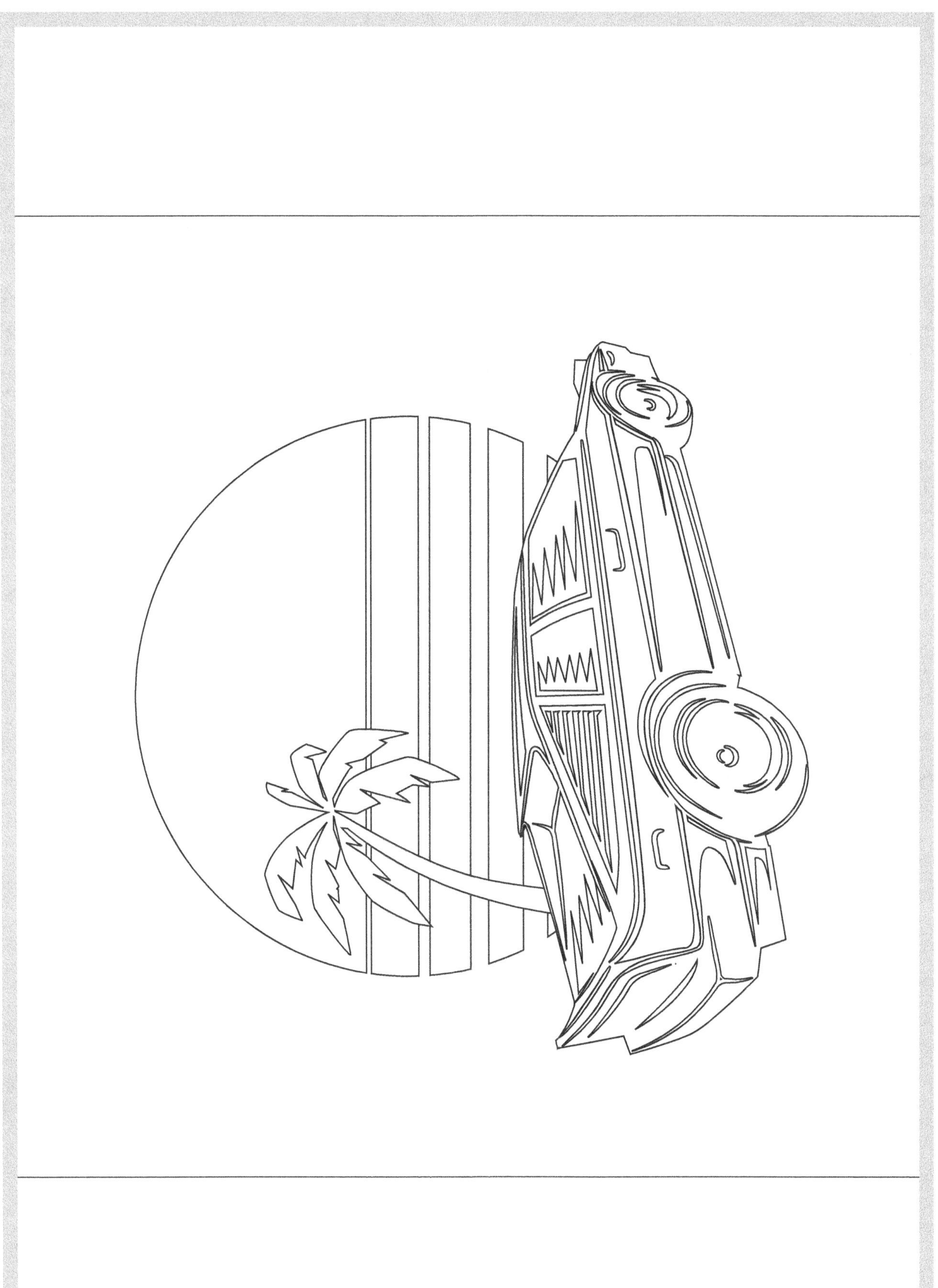

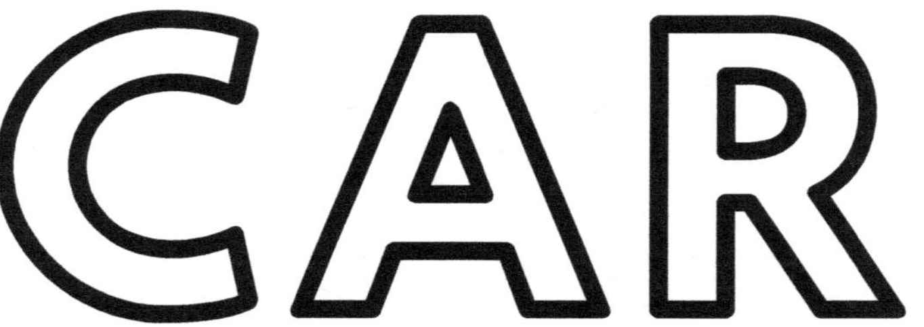
CAR

33

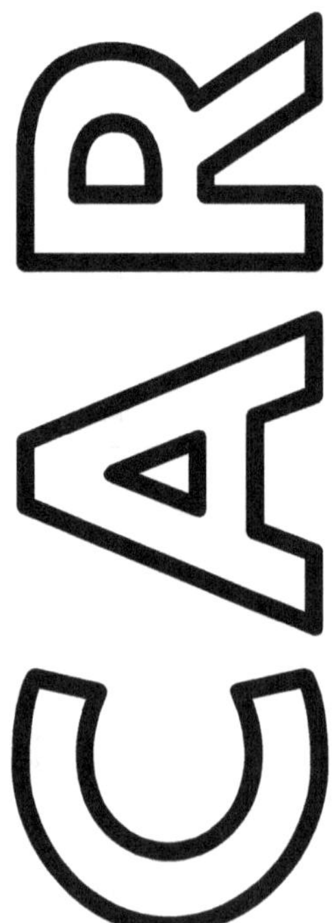
CAR

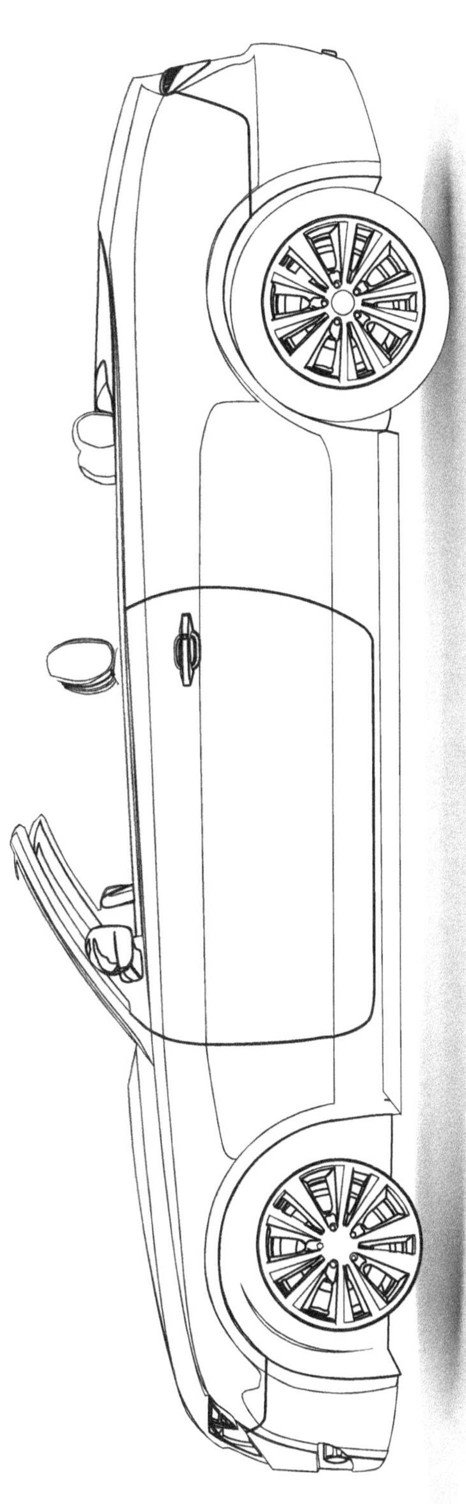

35

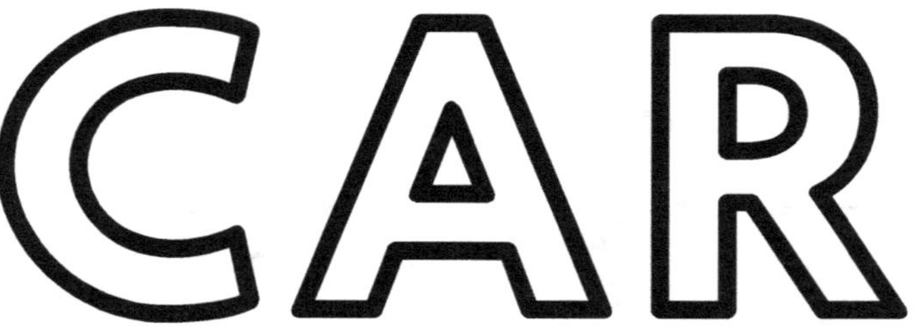
CAR

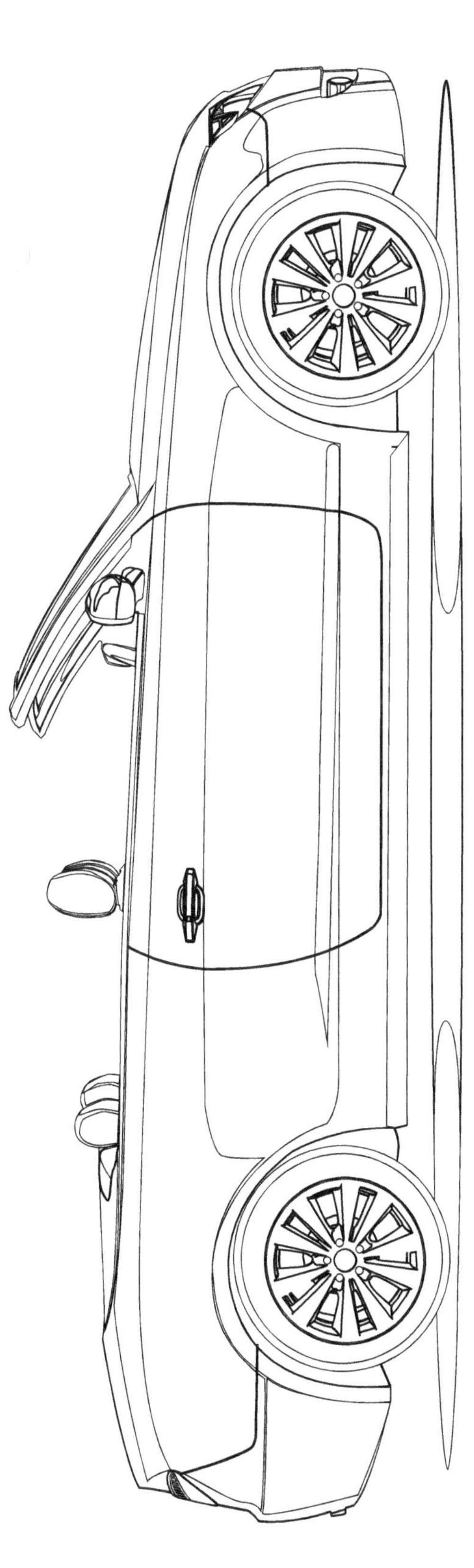

37

CAR

CAR COLLECTION

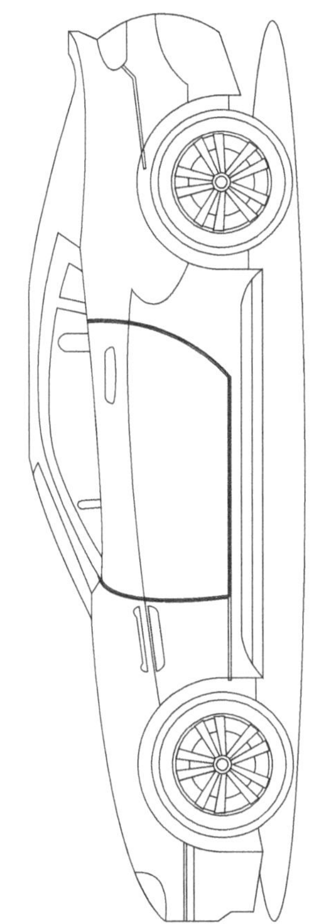

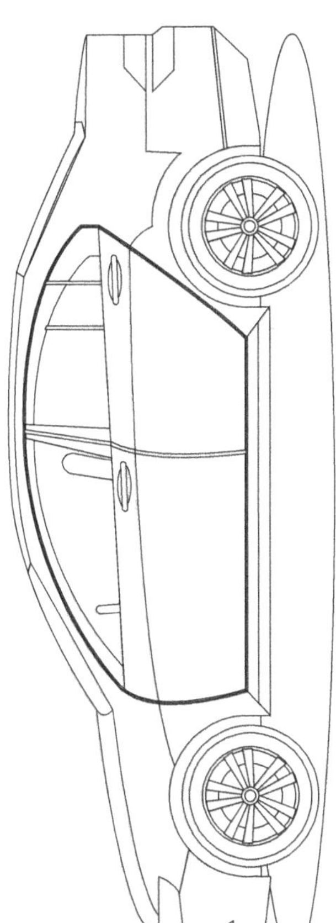

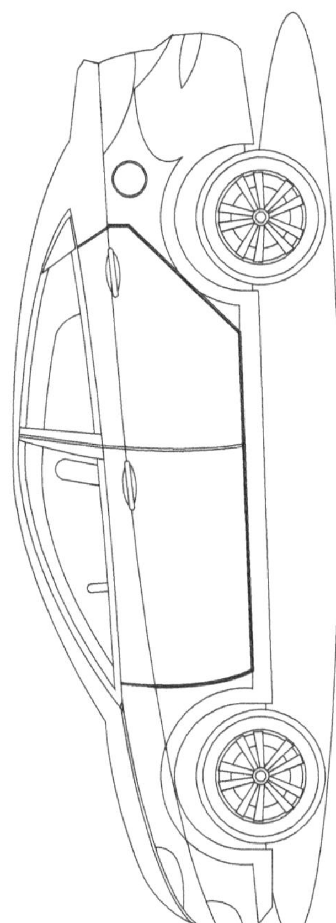

CAR